M JYOTHI

Uma aplicação de redução do desperdício alimentar baseada em Android - FoodSarv

M JYOTHI

Uma aplicação de redução do desperdício alimentar baseada em Android - FoodSarv

ScienciaScripts

Imprint
Any brand names and product names mentioned in this book are subject to trademark, brand or patent protection and are trademarks or registered trademarks of their respective holders. The use of brand names, product names, common names, trade names, product descriptions etc. even without a particular marking in this work is in no way to be construed to mean that such names may be regarded as unrestricted in respect of trademark and brand protection legislation and could thus be used by anyone.

Cover image: www.ingimage.com

This book is a translation from the original published under ISBN 978-620-7-84255-1.

Publisher:
Sciencia Scripts
is a trademark of
Dodo Books Indian Ocean Ltd. and OmniScriptum S.R.L publishing group

120 High Road, East Finchley, London, N2 9ED, United Kingdom
Str. Armeneasca 28/1, office 1, Chisinau MD-2012, Republic of Moldova, Europe
Printed at: see last page
ISBN: 978-620-8-08829-3

RESUMO

O desafio do desperdício alimentar na sociedade necessita de uma gestão eficaz para reduzir os problemas ambientais e económicos. A necessidade de reduzir o desperdício alimentar pode reduzir a pobreza através da utilização eficiente dos recursos. Esta aplicação visa a recolha, distribuição e entrega de alimentos doados. Esta aplicação ajuda os doadores e os receptores a registarem facilmente os seus dados e a indicarem a sua disponibilidade ou necessidade de alimentos. Os dadores podem carregar fotografias dos alimentos disponíveis com descrições.

Um sistema de gestão de resíduos alimentares composto por módulos de doação, receção e transporte apresenta uma solução abrangente para resolver o problema atual do desperdício alimentar. O módulo doador permite que indivíduos, restaurantes e empresas contribuam com alimentos em excesso, reduzindo assim o desperdício na fonte. O módulo de receção, que inclui muitas vezes bancos alimentares e organizações de caridade, assegura uma distribuição equitativa aos necessitados, resolvendo o problema da insegurança alimentar. Entretanto, o módulo de transporte actua como a espinha dorsal da logística, facilitando a transferência sem problemas dos excedentes alimentares dos dadores para os receptores, tendo em conta a segurança e a eficiência. Esta abordagem não só minimiza o desperdício de alimentos e os impactos ambientais associados, como também desempenha um papel vital no apoio à comunidade e na otimização de recursos, abordando preocupações de sustentabilidade e bem-estar social. Trata-se de uma iniciativa multifacetada com potencial para ter um impacto substancial e positivo na sociedade e no ambiente.

Conteúdo

1. INTRODUÇÃO

A aplicação de doação de alimentos representa uma solução inovadora e de fácil utilização que utiliza a tecnologia para simplificar o processo de ligação entre doadores, receptores e serviços de transporte na luta contra o desperdício alimentar e no apoio aos necessitados. Esta plataforma digital serve como um núcleo centralizado onde indivíduos e empresas podem facilmente listar os seus excedentes e alimentos em perfeitas condições para doação, transformando o que teria sido um desperdício de alimentos num recurso valioso para aqueles que enfrentam a insegurança alimentar. Ao fornecer uma plataforma de doação conveniente e acessível, a aplicação permite que os doadores assumam uma posição proactiva contra o desperdício alimentar e tenham um impacto tangível nas suas comunidades. Quer se trate de restos de comida de uma reunião familiar ou de inventário não vendido de um restaurante, cada doação conta para reduzir o desperdício de alimentos e combater a insegurança alimentar. No lado da receção, os indivíduos e as organizações necessitadas podem navegar na aplicação para encontrar donativos disponíveis e solicitar os artigos que satisfazem os seus requisitos. Esta ligação direta entre doadores e receptores não só garante que os excedentes alimentares chegam a quem pode beneficiar deles, como também fomenta um sentimento de apoio e solidariedade da comunidade. A aplicação facilita um processo contínuo e transparente que promove a ajuda mútua e a colaboração entre os utilizadores. O módulo de transporte da aplicação desempenha um papel crucial para garantir a transferência eficiente e atempada dos alimentos doados pelos dadores para os receptores. Ao coordenar a logística e os serviços de transporte, a aplicação minimiza os atrasos e optimiza as rotas, maximizando assim a frescura e a qualidade dos alimentos doados. Este apoio logístico é essencial para colmatar a lacuna entre as fontes de alimentos excedentes e os necessitados, tornando o processo de doação suave e eficaz. Em geral, a aplicação de doação de alimentos oferece uma abordagem abrangente e orientada para a comunidade para combater o desperdício de alimentos e a insegurança alimentar. Ao aproveitar o poder da tecnologia para ligar doadores, receptores e serviços de transporte, a aplicação não só reduz o desperdício de alimentos como também promove uma cultura de doação e apoio nas comunidades. Exemplifica como as soluções digitais podem ser aproveitadas para o bem social, transformando os excedentes alimentares num recurso valioso que beneficia tanto o ambiente como os necessitados.

O aumento acentuado da quantidade de desperdício em termos de alimentos, roupas, livros, etc. torna necessária a caridade em termos de doação. Este documento apresenta a "Helping Hands", uma nova aplicação baseada na Internet que fornece uma plataforma para a doação de coisas velhas e restos de comida a todas as pessoas/organizações necessitadas. Fornece informações sobre a motivação para a criação de uma aplicação deste tipo, descrevendo assim o sistema de doação existente e o modo como o produto proposto funciona para a melhoria da sociedade. O produto é demonstrado como um meio eficaz de doar coisas a organizações, etc.

através da Internet. Este sistema mostra o potencial para evitar o desperdício de alimentos, roupas, livros e outros objectos. Em países altamente populosos como a Índia, o desperdício de alimentos é uma questão preocupante. As ruas, os caixotes do lixo e os aterros sanitários têm amplas provas disso. Os casamentos, as cantinas, os restaurantes, as reuniões sociais e familiares e os eventos expulsam muita comida. O desperdício de alimentos não é apenas uma indicação de fome ou de poluição. Cerca de 95 por cento dos alimentos que deitamos fora acabam em aterros ou instalações de combustão. Em 2013, deitámos fora mais de 35 milhões de toneladas de resíduos alimentares. Muitas pessoas querem doar coisas a organizações carenciadas. Além disso, muitas organizações desejam pedir várias coisas que lhes são necessárias, como roupas, cereais alimentares, livros, utensílios, etc., mas não há nenhuma fonte disponível através da qual possam satisfazer as suas necessidades. Assim, foi desenvolvida uma aplicação Android através da qual as pessoas podem doar artigos de acordo com as suas capacidades e a aplicação também permite que as organizações apresentem os seus pedidos, ou seja, os artigos de que necessitam, se for caso disso. Atualmente, a maioria da população utiliza telefones inteligentes com ligação ativa à Internet, o que constitui o requisito básico para o bom funcionamento deste produto.

Reduzir as perdas e o desperdício de alimentos é essencial num mundo em que o número de pessoas afectadas pela fome tem vindo a aumentar lentamente desde 2014 e em que toneladas e toneladas de alimentos comestíveis são perdidas e/ou desperdiçadas todos os dias. Globalmente, cerca de 13% dos alimentos produzidos são perdidos entre a colheita e o retalho, enquanto se estima que 17% da produção total de alimentos a nível mundial é desperdiçada nos agregados familiares, no serviço alimentar e no retalho. O Dia Internacional de Sensibilização para a Perda e o Desperdício de Alimentos, com o tema 2023 A perda e o desperdício de alimentos comprometem a sustentabilidade dos nossos sistemas alimentares. Quando os alimentos se perdem ou são desperdiçados, todos os recursos que foram utilizados para os produzir - incluindo a água, a terra, a energia, o trabalho e o capital - são desperdiçados. Faltando sete anos para atingir as metas 1, 2 e 3 do Objetivo de Desenvolvimento Sustentável 12 (ODS), é urgente acelerar a ação para reduzir a perda e o desperdício de alimentos. Estima-se que 17% da produção total de alimentos a nível mundial seja desperdiçada nos agregados familiares, no serviço alimentar e no retalho. Entre 691 e 783 milhões de pessoas enfrentarão a fome em 2022. Os alimentos que se perdem e são desperdiçados representam 38% do consumo total de energia no sistema alimentar global.

Recentemente, o Índice Global da Fome 2022 classificou a Índia em 107.º lugar entre 121 países, colocando-a na categoria "Grave". Assim, à escala global, a Índia deve receber assistência de plataformas multilaterais, como as Cimeiras dos Sistemas Alimentares das Nações Unidas, para trabalhar com os países vizinhos para obter melhores soluções. A utilização da experiência de países homólogos para resolver questões relacionadas com o desperdício alimentar através dos grupos de trabalho regionais do PNUA para o desperdício alimentar pode facilitar a tarefa.

"A Índia ainda pode dar a volta por cima se nós, enquanto cidadãos indianos, trabalharmos em conjunto para resolver este problema, bastando para isso estarmos atentos às nossas decisões de compra e sermos cautelosos com as nossas porções de comida. Se as nossas acções generosas forem na direção certa, podemos ajudar a alimentar milhões de pessoas que outrora dormiam de barriga vazia."

l.l. Objetivo e âmbito do livro

Objectivos:

- Reduzir a quantidade de alimentos que são desperdiçados ao longo de toda a cadeia de abastecimento alimentar, nomeadamente durante a produção, o armazenamento, o transporte e o consumo.

- O desperdício alimentar contribui para problemas ambientais, incluindo as emissões de gases com efeito de estufa, o esgotamento dos recursos hídricos e terrestres e a perda de biodiversidade. O sistema tem por objetivo reduzir estes impactos ambientais negativos através da prevenção do desperdício alimentar e da promoção de práticas sustentáveis.

- Ao evitar o desperdício alimentar, podem ser disponibilizados mais alimentos para os mais necessitados, contribuindo assim para a segurança alimentar e para a redução da fome nas comunidades.

Âmbito de aplicação:

Um sistema de gestão de resíduos alimentares que incorpora módulos de dador, recetor e transporte oferece uma solução holística e eficaz para combater a questão premente do desperdício alimentar. O módulo de doação serve como ponto de partida, permitindo que indivíduos, restaurantes e empresas contribuam com alimentos excedentes que, de outra forma, seriam desperdiçados. Ao intercetar os excedentes alimentares na fonte, este módulo desempenha um papel crucial na redução do volume global de resíduos alimentares gerados.

Na extremidade recetora, o módulo de receção, que normalmente inclui bancos alimentares e organizações de caridade, garante que os alimentos resgatados chegam aos que estão em situação de insegurança alimentar ou em necessidade. O módulo de transporte actua como o elemento central deste sistema, orquestrando a transferência eficiente e segura dos excedentes alimentares dos doadores para os receptores. Ao integrar estes módulos, o sistema de gestão de resíduos alimentares não só atenua o impacto ambiental dos resíduos alimentares, como também contribui para o bem-estar da comunidade e para a otimização dos recursos. Trata-se de uma solução sustentável que aborda tanto a sustentabilidade ambiental como as preocupações com o bem-estar social, realçando a interligação destas questões.

Em conclusão, esta iniciativa multifacetada tem o potencial de gerar mudanças positivas significativas através da redução do desperdício alimentar, do apoio às populações vulneráveis e da promoção de uma sociedade mais sustentável e solidária. Exemplifica o poder da ação colectiva e das soluções inovadoras na abordagem de desafios complexos como o desperdício alimentar e a insegurança alimentar.

1.2 Declaração do problema

O desafio do desperdício alimentar na sociedade representa um problema significativo que exige estratégias de gestão eficazes para dar resposta tanto às preocupações ambientais como às implicações económicas. Ao reduzir o desperdício alimentar, não só aliviamos a pressão sobre os recursos do nosso planeta, como também temos o potencial de combater a pobreza através da utilização eficiente dos recursos disponíveis. A intersecção entre a redução dos resíduos alimentares e a redução da pobreza sublinha a importância das práticas sustentáveis na promoção de uma sociedade mais equitativa e eficiente em termos de recursos.

Em resposta a este desafio premente, o desenvolvimento de uma aplicação inovadora dedicada à recolha, distribuição e entrega de alimentos doados surge como uma solução promissora. Esta aplicação funciona como uma plataforma digital que agiliza o processo de ligação entre doadores e receptores, facilitando a transferência de excedentes alimentares para os necessitados. Ao tirar partido da tecnologia para otimizar o processo de doação de alimentos, a aplicação melhora a acessibilidade e a eficiência dos esforços de redistribuição de alimentos, maximizando o impacto de cada doação. Uma das principais caraterísticas da aplicação é a sua interface de fácil utilização, que permite aos doadores e receptores registar facilmente os seus dados e especificar a sua disponibilidade ou necessidades alimentares. Os doadores podem carregar fotografias dos seus excedentes alimentares, juntamente com descrições pormenorizadas, proporcionando aos receptores uma compreensão clara dos donativos disponíveis. Esta representação visual não só aumenta a transparência como também promove o envolvimento e a confiança entre os utilizadores, fomentando um sentido de colaboração e apoio comunitário.

Podemos melhorar a redistribuição dos excedentes alimentares, reduzir o desperdício e contribuir para o bem-estar das pessoas em situação de insegurança alimentar. Em última análise, esta aplicação representa uma ferramenta prática e com impacto no esforço coletivo para criar um sistema alimentar mais sustentável e equitativo para todos.

1.3 Organização do livro-reportagem

O relatório foi dividido em 5 capítulos principais.

O Capítulo 1, *Introdução,* é a introdução ao Livro, dando uma breve visão geral sobre todo o Livro. Também descreve os objectivos e o âmbito do Livro.

O capítulo 2, "*Estudo da literatura*", contém informações sobre os sistemas existentes. Este capítulo apresenta uma descrição pormenorizada das vantagens e desvantagens dos sistemas existentes. Além disso, a motivação para o sistema proposto.

O capítulo 3, *Especificação dos requisitos*, é dedicado ao sistema proposto. Este capítulo descreve a descrição geral do Livro. É constituído por requisitos funcionais e não funcionais, seguidos dos requisitos do sistema do Livro.

O capítulo 4, *Especificação da conceção*, contém as informações relacionadas com a conceção, juntamente com os diagramas UML (Unified Modelling Language).

Capítulo 5, *Implementação,* este capítulo descreve a implementação do sistema proposto, que é analisado em pormenor no que diz respeito à metodologia, à arquitetura do sistema e aos módulos.

Capítulo 6, Testes, este capítulo inclui o plano de testes e os casos de testes incorporados no nosso Livro.

Capítulo 7, Resultados e conclusão, este capítulo inclui a análise dos resultados e do desempenho, bem como a conclusão e o âmbito futuro.

O apêndice inclui as imagens de ecrã da aplicação, o código utilizado e as referências.

Todas as partes e subpartes do relatório, incluindo figuras e quadros, foram numeradas sequencialmente para facilitar a sua identificação.

2. PESQUISA BIBLIOGRÁFICA

2.1 Abordagens / sistemas existentes

[1] É uma aplicação baseada no Android, que foi criada utilizando o Android Studio Java e XML e necessita de uma ligação à rede, que permitirá aos contribuintes e requerentes uma plataforma depois de se terem registado com êxito no sistema. Existem 3 papéis distintos: doador, utilizador e administrador.

Doador: Operações como o registo e o início de sessão no sistema são realizadas pelo Doador. Quem doa alimentos pode carregar imagens dos alimentos que doou.

Utilizadores: Os utilizadores podem doar alimentos cozinhados, restos de comida e alimentos crus, e há uma outra opção chamada outros, onde os utilizadores podem distribuir outros alimentos, como roupas e livros. Etc. Na página inicial, está disponível uma opção de pesquisa para procurar itens de acordo com as necessidades do utilizador. Os dados pessoais podem ser modificados pelos utilizadores através da atualização da opção de perfil.

Administração: A opção da página de administração está disponível, onde o administrador pode verificar o número de pessoas registadas no sistema, o número de encomendas e o total de itens doados. É possível enviar críticas e pedidos de informação para o endereço de correio eletrónico fornecido.

Interface do primeiro ecrã: A primeira interface é aquela em que o logótipo é apresentado, como mostra o diagrama acima, que é desenvolvido com XML, é apresentado durante alguns segundos e depois as outras páginas são apresentadas por ordem.

Página de registo Interface: A página seguinte é a página de registo, onde os utilizadores se podem registar com os dados solicitados e também definir uma palavra-passe para entrar na aplicação da próxima vez.

Interface do menu principal: Segue-se a interface do menu principal, onde os utilizadores iniciam sessão nas respectivas contas utilizando a sua identificação e palavra-passe.

Página do ecrã inicial: Na página do ecrã inicial, estão disponíveis as opções pesquisar, doar, atualizar e o meu carrinho. Qualquer utilizador pode selecionar uma opção com base nas suas necessidades. Se pretende doar ou procurar alimentos.

Interface da página de pesquisa: A página seguinte foi concebida com três tipos diferentes de opções baseadas no tipo de alimentos a doar, alimentos cozinhados e alimentos crus, e existe também a opção de doar qualquer tipo de artigos que não sejam alimentos. Os utilizadores podem selecionar a opção com base na disponibilidade.

Interface de doação: Na página de doação, os utilizadores têm de preencher os dados do alimento, selecionar o tipo e carregar a fotografia para confirmação.

Interface da página de administração: A página de administração só é acessível ao administrador, onde este pode verificar os donativos, as encomendas e os dados dos utilizadores para o bom funcionamento da aplicação.

A aplicação Android [2] funciona como uma plataforma baseada na Internet destinada a facilitar a doação de artigos velhos e excedentes alimentares a pessoas e organizações necessitadas. As funcionalidades incluem vários requisitos, como roupas, livros, utensílios, entre outros. Funciona com três funções distintas: Administrador, Doador e Recetor. O Administrador gere a recolha de donativos através de agentes próximos, assegurando que os itens doados são distribuídos a orfanatos próximos ou a indivíduos necessitados. Após a recolha bem sucedida de donativos, o administrador envia uma mensagem de alerta ao respetivo doador.

Após o registo no sistema, tanto os doadores como os beneficiários têm acesso à plataforma. Os dadores podem enviar mensagens de donativos dentro da aplicação, que são armazenadas na base de dados backend. Assim que uma notificação é enviada, os destinatários (ONG) que procuram donativos podem responder e estabelecer contacto com o doador. A interface do utilizador foi concebida para ser simples e fácil de utilizar, adaptando-se aos smartphones Android com o sistema operativo Gingerbread e versões superiores. A eficácia da aplicação é reforçada quando os dadores e os destinatários estão próximos.

Os Doadores gerem operações como o registo, o início de sessão, a doação de artigos e os pedidos de visualização das organizações. O Administrador e o Doador podem ver a localização dos Receptores e, da mesma forma, o Administrador e o Recetor podem ver a localização dos Doadores. O

Administrador tem a capacidade de monitorizar e atualizar a base de dados, mantendo os detalhes dos agentes e dos doadores.

Está dividido em várias fases, incluindo o início de sessão e o registo, a notificação, o módulo de administração, o módulo de doadores e o módulo de receptores. Os processos de início de sessão e de registo garantem a privacidade e a confidencialidade, distinguindo entre utilizadores e agentes. A fase de notificação envolve a notificação dos agentes sobre os donativos disponíveis através do sistema de notificação da aplicação.

No Módulo de Administração, os administradores gerem os dados dos agentes e dos dadores e gerem a recolha de donativos. Os dadores, no Módulo de Dadores, enviam pedidos de donativos e visualizam os detalhes do orfanato e dos agentes. O módulo Recetor permite que os receptores mantenham os detalhes dos orfanatos e dos doadores, solicitem recolhas de alimentos aos doadores e enviem mensagens de alerta aos doadores quando a recolha é bem sucedida.

[3] A aplicação Android foi concebida para facilitar o processo de doação e distribuição de artigos entre os utilizadores, as ONG, os voluntários e a administração. O sistema é composto por quatro módulos principais: Administrador, ONG, Voluntário e Utilizador. Cada módulo tem um objetivo específico no funcionamento global da aplicação. O módulo Admin tem o nível mais elevado de autoridade e controla o fluxo de dados no sistema. O administrador é responsável pela aprovação ou recusa de pedidos relacionados com donativos. O Admin pode aceitar pedidos de donativos, conceder aprovações e gerir o fluxo geral de itens de um segmento do sistema para outro. As ONGs (Organizações Não Governamentais) utilizam este módulo para aceitar pedidos de donativos ou para solicitar aos doadores que contribuam com artigos. As ONG são responsáveis pela atribuição de voluntários para tarefas de recolha e entrega, gerindo eficazmente a cadeia de abastecimento de artigos doados.

Os utilizadores registam-se e iniciam sessão na aplicação e podem solicitar a recolha dos artigos que pretendem doar. Depois de o administrador aprovar o pedido de doação, é designado um voluntário para recolher os artigos doados pelo utilizador. Os utilizadores beneficiam de uma experiência sem problemas e a base de dados em tempo real regista os pedidos de doação e as aprovações. Os voluntários também se registam no sistema e aceitam os pedidos atribuídos pela gestão, principalmente pelas ONG. Os voluntários recolhem os artigos doados e entregam-nos nos locais designados.

[4] É uma aplicação android em que os utilizadores e as organizações podem doar alimentos preenchendo um formulário com dados como o nome do campo de doação, a cidade, as informações de contacto, a morada, o prazo de doação e a duração da sessão. A informação é armazenada na base de dados e a lista de doadores é actualizada para incluir os nomes dos contribuintes. Os utilizadores podem encontrar campos de doação de alimentos nas proximidades, clicando num botão para ver uma lista de dadores com as respectivas informações. As informações pormenorizadas sobre cada dador e o respetivo campo de doação são acessíveis com um simples clique. Os utilizadores podem contactar facilmente os dadores clicando nas suas informações. Desenvolvido com Android Studio 4.0.3, Java e XML. Utiliza a tecnologia Firebase para autenticação e base de dados em tempo real. Implementa o Google Map API para localização de utilizadores e campos de donativos. Implementou um sistema de registo e de início de sessão de utilizadores, uma página de perfil que apresenta informações sobre os utilizadores e o histórico de doações, uma vista de mapa que mostra a localização dos bancos alimentares e das organizações, uma função de pesquisa para encontrar organizações com base em critérios e uma função de mensagens/chat para comunicação.

[5] Descreve uma abordagem que inclui as principais funcionalidades de um sistema concebido para facilitar as doações de alimentos, envolvendo tanto os doadores (particulares/restaurantes) como as ONG. Tanto os doadores como os receptores (particulares/restaurantes e ONG) podem registar-se na plataforma, através de uma aplicação móvel ou de um sítio Web. O processo de registo envolve provavelmente o fornecimento de dados necessários para identificação e contacto. Os utilizadores registados podem iniciar sessão no sistema utilizando as suas credenciais. Os particulares ou os restaurantes podem criar pedidos de doação de alimentos excedentários. As ONG também podem criar pedidos de doação de alimentos. Os pedidos criados são apresentados num painel de controlo, permitindo aos utilizadores navegar pelos pedidos de doação disponíveis.

Os utilizadores (particulares/restaurantes ou ONG) podem candidatar-se a pedidos de donativos listados na plataforma. Os doadores podem responder a um pedido de donativo iniciado por uma ONG. Quando um utilizador se candidata a um pedido de donativo, o pedido é processado e enviado ao criador do pedido para aprovação. O estado da aprovação é acompanhado ao longo do ciclo até que o donativo seja entregue. Após a aprovação, o sistema continua provavelmente a acompanhar a evolução do pedido de donativo até que este seja entregue com êxito.

2.2 Desvantagens do sistema atual

- Garantir a qualidade e a segurança dos artigos doados é fundamental em qualquer sistema de doação. Podem surgir desafios quando se lida com artigos danificados, fora de prazo ou que não são adequados para doação. A implementação de medidas de controlo de qualidade minuciosas, como inspecções regulares, protocolos de armazenamento adequados e diretrizes claras para doações aceitáveis, pode ajudar a mitigar estes desafios e garantir que apenas os artigos seguros e utilizáveis são distribuídos aos necessitados. Poucas aplicações estão limitadas a smartphones Android com o sistema operativo Gingerbread e versões superiores.

- Algumas aplicações podem ter restrições, estando apenas acessíveis em smartphones Android com o sistema operativo Gingerbread ou versões superiores. Esta limitação pode potencialmente excluir utilizadores com dispositivos mais antigos ou que utilizem sistemas operativos diferentes. O alargamento da compatibilidade a uma gama mais vasta de dispositivos e sistemas operativos melhoraria a acessibilidade e a inclusão de uma base de utilizadores mais ampla.

- A forte dependência do sistema em relação aos administradores para as tarefas de aprovação e gestão pode levar a atrasos ou ineficiências se as respostas não forem rápidas. Para resolver este problema, a implementação de processos de aprovação automatizados, protocolos claros para a tomada de decisões e canais de comunicação simplificados podem ajudar a reduzir a dependência de intervenções manuais e melhorar a eficiência global do sistema.

- Um dos principais desafios pode ser a disponibilidade de voluntários para as actividades de recolha e distribuição de donativos. Para ultrapassar este problema, estratégias como o recrutamento de um maior número de voluntários, a oferta de incentivos ou recompensas pela participação e a implementação de opções de horários flexíveis podem ajudar a garantir uma base de voluntários consistente e fiável para apoiar as operações do sistema de doação.

- Uma cobertura geográfica limitada pode restringir o alcance e o impacto do sistema de doação, potencialmente excluindo indivíduos ou organizações em áreas remotas ou mal servidas. A expansão dos esforços de divulgação, a parceria com grupos comunitários locais e o aproveitamento da tecnologia para operações remotas podem ajudar a ultrapassar as limitações geográficas e garantir um acesso mais alargado aos serviços de doação.

- Manter a sincronização de dados em tempo real numa base de dados pode ser complexo, levando a inconsistências ou atrasos nas actualizações de informação. A implementação de protocolos robustos de sincronização de dados, auditorias periódicas de dados e a utilização de ligações de rede fiáveis podem ajudar a minimizar os problemas de sincronização e a garantir dados precisos e actualizados em todo o sistema.

- A coordenação da recolha e entrega de bens alimentares envolve vários desafios logísticos, incluindo a logística de transporte, a coordenação do tempo e o alinhamento com os horários dos destinatários. A implementação de sistemas eficientes de gestão logística, a otimização das rotas de entrega e o estabelecimento de canais de comunicação claros entre as partes interessadas podem ajudar a simplificar as operações e a resolver eficazmente as complexidades logísticas.

2.3 Motivação para o sistema proposto

- Análise da validade dos alimentos Os doadores são convidados a introduzir informações detalhadas sobre os alimentos doados, incluindo as respectivas datas de validade, para melhorar a segurança alimentar e o controlo de qualidade. Um sistema de alerta dentro da aplicação envia notificações atempadas aos doadores e aos destinatários quando os artigos doados estão perto da data de validade. Para otimizar a atribuição de recursos, o sistema dá prioridade à correspondência entre as doações e as organizações destinatárias com base na proximidade da data de validade, facilitando a distribuição imediata. Esta abordagem inovadora calcula o tempo restante até à expiração, considerando a estimativa fornecida pelo doador e o carimbo de data/hora atual, garantindo uma distribuição atempada e eficaz dos artigos doados.

- Sistema GPS: O sistema de GPS desempenha um papel crucial na facilitação de uma comunicação perfeita entre doadores, organizações de caridade e administradores. Ao fornecer actualizações em tempo real sobre a localização e o estado das doações de alimentos, o sistema permite que os doadores localizem facilmente os voluntários mais próximos para embalar e entregar os alimentos. Além disso, permite que tanto os doadores como os administradores monitorizem todo o processo de entrega de alimentos ao destinatário, garantindo transparência e eficiência no fluxo de trabalho das doações.

- O sistema define funções distintas para os Doadores, Transportadores e Receptores para simplificar o processo de doação. Os dadores podem introduzir uma variedade de produtos alimentares, tanto em bruto como processados, juntamente com as respectivas datas de validade. Esta informação permite que a aplicação categorize os itens com base nos prazos de validade, como 4-5 horas, 1 dia ou alguns dias, promovendo uma utilização eficiente dos recursos. Os transportadores desempenham um papel fundamental no transporte dos géneros alimentares doados, estabelecendo a ligação com as ONG ou parceiros comunitários identificados pelos embaladores para a entrega. Os doadores têm visibilidade e podem acompanhar as encomendas activas, promovendo a transparência e a responsabilidade no ecossistema de doações. Ao promover práticas de consumo conscientes, a aplicação incentiva uma abordagem sustentável e responsável à gestão de alimentos, contribuindo para um processo de doação de alimentos mais eficiente e ético.

3. ESPECIFICAÇÃO DE REQUISITOS

3.1 Introdução

Um sistema holístico de gestão de resíduos alimentares, que inclua módulos de dador, recetor e transporte, oferece uma estratégia abrangente para combater a questão prevalecente do desperdício alimentar. O módulo doador serve como ponto de entrada fundamental, permitindo que indivíduos, restaurantes e empresas contribuam com alimentos excedentes, reduzindo assim o desperdício na sua origem. Ao envolver diversas partes interessadas no processo de doação, este módulo promove uma cultura de consumo responsável e de utilização de recursos.

Paralelamente, o módulo recetor, que normalmente inclui bancos alimentares e entidades de caridade, desempenha um papel crucial na garantia da distribuição justa e equitativa dos alimentos doados a indivíduos que enfrentam insegurança alimentar. Através de parcerias estratégicas e mecanismos de afetação eficientes, este módulo responde às necessidades imediatas de combate à fome e promove a acessibilidade alimentar das populações vulneráveis. Serve como um farol de esperança para aqueles que lutam contra a escassez de alimentos, oferecendo uma linha de vida em tempos de necessidade. Complementando estes esforços, o módulo de transporte funciona como o eixo logístico, orquestrando o movimento contínuo de alimentos excedentes dos dadores para os receptores. Ao dar prioridade aos protocolos de segurança e otimizar as rotas de entrega, este módulo simplifica o processo de transferência de alimentos, minimizando a deterioração dos alimentos e aumentando a eficiência operacional. A sua intrincada rede de canais de transporte garante que os alimentos excedentes chegam aos beneficiários pretendidos prontamente e em óptimas condições. Esta abordagem integrada não só aborda a questão premente do desperdício alimentar e as suas ramificações ambientais prejudiciais, como também promove um sentido de solidariedade e apoio comunitário. Ao colmatar o fosso entre as fontes de excedentes alimentares e as populações vulneráveis, este sistema promove a coesão social e a responsabilidade colectiva no sentido de uma gestão sustentável dos recursos. Trata-se de uma estratégia multifacetada que transcende a mera redução de resíduos, incorporando princípios de inclusão, compaixão e gestão ambiental.

Através do seu quadro multifacetado, esta iniciativa é extremamente promissora na reformulação das atitudes da sociedade relativamente ao consumo de alimentos e à gestão de resíduos. Ao promover uma cultura de partilha, empatia e sustentabilidade, abre caminho a um sistema alimentar mais resistente e equitativo. Com as suas implicações de longo alcance, tanto para a sociedade como para o ambiente, este sistema representa um farol de mudança positiva, oferecendo uma solução transformadora para desafios complexos e anunciando um futuro mais brilhante e sustentável para todos.

3.2 Ambiente do sistema

- Sistema Operativo: O Sistema de Redução de Desperdício Alimentar foi meticulosamente concebido para garantir a independência da plataforma, atendendo a uma vasta gama de utilizadores finais que podem aceder facilmente ao sistema através de navegadores web em diferentes sistemas operativos. Ao suportar sistemas operativos como o Windows, Linux e plataformas móveis como o Android, o sistema garante a inclusão e acessibilidade para uma base de utilizadores diversificada. Esta versatilidade não só aumenta o envolvimento do utilizador, como também simplifica o processo de adoção, permitindo que indivíduos de várias origens tecnológicas participem sem esforço na iniciativa de redução do desperdício alimentar. A adaptabilidade do sistema a diferentes ambientes operacionais sublinha o seu compromisso com a conveniência e a usabilidade do utilizador, tornando-o uma solução versátil e de fácil utilização para enfrentar os desafios do desperdício alimentar.

- Conectividade à Internet: Um requisito fundamental para o Sistema de Redução de Desperdício Alimentar é a conetividade fiável à Internet, que funciona como a força vital da plataforma, permitindo que os utilizadores acedam e interajam com a aplicação sem problemas. Quer os utilizadores estejam a criar pedidos de donativos, a consultar os donativos disponíveis ou a comunicar com outros participantes, uma ligação à Internet robusta e de alta velocidade é essencial para garantir uma experiência de utilização sem problemas e sem interrupções. A dependência do sistema da conetividade à Internet sublinha a importância da infraestrutura digital para facilitar a comunicação e a colaboração eficientes entre as partes interessadas. Ao dar prioridade a interações em linha sem interrupções, o sistema permite que os utilizadores participem ativamente nos esforços de redução do desperdício alimentar, fomentando um sentido de envolvimento da comunidade e de responsabilidade partilhada para uma gestão sustentável dos recursos.

- Android Studio: O ambiente de desenvolvimento escolhido para a criação da componente de aplicação Android do Sistema de Redução de Desperdício Alimentar é o Android Studio, uma plataforma abrangente e rica em funcionalidades para a criação de aplicações Android. O Android Studio oferece aos programadores um conjunto de ferramentas adaptadas à conceção de interfaces de utilizador, à escrita de código, à depuração de aplicações e à realização de testes de desempenho. Tirando partido das capacidades do Android Studio, os programadores podem criar uma aplicação Android de fácil utilização e visualmente apelativa que se alinhe com os objectivos e funcionalidades do sistema. A compatibilidade da aplicação desenvolvida no Android Studio com uma vasta gama de dispositivos Android garante uma experiência de utilização consistente e optimizada em várias plataformas móveis, melhorando a acessibilidade e a usabilidade para os utilizadores do Android que utilizam o sistema de redução de resíduos alimentares.

- Firebase: O Firebase funciona como a espinha dorsal do Sistema de Redução de Desperdício Alimentar, fornecendo uma tecnologia backend robusta que suporta funções críticas como a autenticação de utilizadores, gestão de bases de dados em tempo real e serviços de alojamento. Como plataforma segura e escalável, o Firebase permite ao sistema armazenar e gerir dados de forma eficiente, garantindo a disseminação atempada e precisa de informações relacionadas com utilizadores, donativos e outros pontos de dados essenciais. A integração da autenticação Firebase aumenta a segurança do utilizador durante os processos de início de sessão, salvaguardando as informações sensíveis do utilizador e promovendo a confiança no sistema. Ao tirar partido das capacidades do Firebase, o Sistema de Redução de Resíduos Alimentares alcança eficiência operacional, fiabilidade dos dados e uma melhor experiência do utilizador, reforçando a sua posição como uma solução fiável e tecnologicamente avançada para enfrentar os desafios dos resíduos alimentares numa era digital.

3.3 Especificação dos requisitos funcionais

3.3.1. Descrição do caso de utilização

Interveniente 1: Doador

A. Registo/Login

Função Descrição	Esta função permite ao dador criar uma conta e iniciar sessão de forma segura na aplicação de redução do desperdício alimentar.
Entrada de função	Para registo: Dados do doador - nome, informações de contacto, localização, nome de utilizador e palavra-passe pretendidos. Para aceder: Nome de utilizador e palavra-passe.
Saída de função	Para registo: É criada uma nova conta de utilizador e o utilizador é registado no sistema. Confirmação de sucesso registo. Para aceder: Autenticação bem sucedida e acesso à conta do utilizador.
Pré-condição	-
Processo	Para registo: Os doadores navegam para a página de registo. Os doadores introduzem as suas informações pessoais, incluindo o nome, os dados de contacto e a localização. Os doadores escolhem um nome de utilizador e uma palavra-passe segura. O sistema valida as informações e cria uma nova conta. É apresentada uma mensagem de confirmação ao dador, indicando que o registo foi bem sucedido. Para aceder: O doador acede à página de início de sessão. O doador fornece o nome de utilizador e a palavra-passe registados. O sistema verifica as credenciais com base na base de dados. Após uma autenticação bem sucedida, é concedido ao dador acesso a uma conta.

B. Adicionar donativos

Função Descrição	Esta função permite aos dadores acrescentar pormenores sobre os Donativos que desejem contribuir.
Função Entrada	Detalhes da doação de alimentos: Tipo de alimento, Quantidade Descrição do género alimentício, Data de validade.
Função Saída	Adição bem sucedida dos detalhes da dádiva ao sistema. Mensagem de confirmação para o dador.
Condição prévia	Os doadores têm de estar registados e ligados à aplicação de redução do desperdício alimentar com uma conta válida. Os dados relativos à doação de alimentos, como o tipo e a quantidade, devem ser fornecidos com exatidão.
Processo	Os doadores iniciam sessão na aplicação de redução do desperdício alimentar. Os doadores navegam para "Adicionar donativos". Os doadores introduzem os pormenores da doação de alimentos, como o tipo de alimentos, a quantidade disponível, a descrição e a data de validade. Após a validação bem sucedida, os detalhes da dádiva são adicionados ao sistema. É apresentada uma mensagem de confirmação ao dador, confirmando a adição bem sucedida dos detalhes da doação.

C. Ver lista de donativos

Função Descrição	Esta função fornece aos destinatários uma lista de alimentos disponíveis donativos.
Função Entrada	Informações sobre o destinatário: Detalhes do destinatário, incluindo o informações de contacto.
Função Saída	Dados como o tipo de alimento, a quantidade, o estatuto e o dador estão incluídos na lista.
Condição prévia	O destinatário tem de estar registado e registado na aplicação de redução do desperdício alimentar. O destinatário deve ter uma conta com pedidos de donativos.

Processo	O recetor inicia sessão na aplicação de redução do desperdício alimentar. O recetor é direcionado para a lista Ver donativos. O sistema recupera e exibe uma lista de pedidos de doação de alimentos. Essa lista inclui detalhes de cada pedido de doação, como o tipo de alimento, a quantidade, o status e informações sobre os doadores. O destinatário pode consultar a lista e decidir quais as dádivas a pedir ou aceitar com base nas suas necessidades.

D. Receber OTP

Função Descrição	Permite que os destinatários recebam uma OTP associada a um pedido de donativo selecionado. Estas são utilizadas para verificação durante a recolha e entrega de alimentos.
Função Entrada	Informações do recetor: Detalhes do destinatário ou da organização de caridade, incluindo o seu nome, informações de contacto e organização.
Função Saída	OTP associado ao pedido de donativo selecionado. Cada OTP inclui pormenores como: Código OTP Estado: O estado da OTP. Pedido de donativo: O identificador do pedido de donativo ao qual o OTP está ligado.

Pré-condição	O destinatário tem de estar registado e registado na aplicação de redução do desperdício alimentar. O destinatário deve ter criado ou aceite um pedido de donativo para o qual foi gerado um OTP.
Processo	O destinatário, que tem sessão iniciada, pode optar por procurar um pedido de donativo específico, fornecendo o ID único do pedido de donativo. A aplicação recupera e apresenta a OTP associada ao pedido de donativo selecionado. A OTP inclui o código OTP, o estado e o pedido de doação associado. Esta informação é utilizada para verificação durante a recolha ou entrega dos alimentos doados para garantir transacções seguras e precisas.

E. Terminar sessão

Função Descrição	Permite ao dador terminar a sessão na aplicação de redução do desperdício alimentar.
Função Entrada	-
Função Saída	Confirmação do fim de sessão bem sucedido. O dador é reencaminhado para o início de sessão da aplicação.
Pré-condição	O doador deve ter sessão iniciada na aplicação de redução do desperdício alimentar.
Processo	O doador vai para a opção Sair. A aplicação processa o pedido de saída. O doador termina a sessão com êxito.

Estaca 2: Recetor R

A. Registo/Login:

Função Descrição	Esta função permite ao dador criar uma conta e iniciar sessão de forma segura para a aplicação de redução do desperdício alimentar.
Função Entrada	Para registo: Dados do doador - nome, informações de contacto, localização, nome de utilizador e palavra-passe pretendidos. Para aceder: Nome de utilizador e palavra-passe.
Função Saída	Para registo: É criada uma nova conta de utilizador e o utilizador é registado no sistema. Confirmação de sucesso registo. Para aceder: Autenticação bem sucedida e acesso à conta do utilizador.
Condição prévia	-
Processo	Para registo: O recetor navega para a página de registo. O destinatário introduz as suas informações pessoais, incluindo o nome, os dados de contacto e a localização. O destinatário escolhe um nome de utilizador e uma palavra-passe segura. O sistema valida as informações e cria uma nova conta. É apresentada uma mensagem de confirmação ao destinatário, indicando que o registo foi bem sucedido. Para aceder: O destinatário acede à página de início de sessão. O destinatário fornece o nome de utilizador e a palavra-passe registados. O sistema verifica as credenciais com base na base de dados. Após uma autenticação bem sucedida, é concedido ao recetor acesso a uma conta.

B. Criar um pedido de donativo

Função Descrição	O administrador tem uma coleção de armazenamento na nuvem, o administrador deve gerir todas as contas na nuvem dos utilizadores da rede registados no sistema
Função Entrada	Informações sobre o beneficiário ou a organização de caridade, nome, informações de contacto e localização. Detalhes do pedido de alimentos: quantidade necessária.
Função Saída	ID do pedido de donativo: Um identificador único para a dádiva que pode ser utilizado para efeitos de acompanhamento e referência. Mensagem de confirmação: Uma mensagem que confirma que o pedido de donativo foi criado com êxito e que fornece informações adicionais, como o prazo de entrega previsto.
Pré-condição	O destinatário deve estar ligado à aplicação de redução do desperdício alimentar com uma conta registada e a localização deve ser exacta e válida.
Processo	Já deve estar registado e com sessão iniciada. Pode publicar um pedido navegando para a secção de pedidos.

C. Ver lista de donativos

Função Descrição	Esta opção fornece a lista de donativos disponíveis.
Função Entrada	Informações sobre o destinatário: Dados do destinatário ou da organização, incluindo o seu nome, informações de contacto e organização
Função Saída	Lista de donativos: Uma lista de pedidos de donativos alimentares critérios do recetor, incluindo pormenores como o tipo de alimento, a quantidade, o estado e as informações do dador.
Condição prévia	O destinatário (organização de caridade) tem de estar ligado à aplicação de redução do desperdício alimentar com uma conta registada. O destinatário deve ter uma conta ativa com pedidos de donativos ou donativos associados.

Processo	O destinatário inicia sessão na aplicação de redução do desperdício alimentar. O destinatário navega para a secção "Ver lista de donativos" ou semelhante da aplicação. O recetor pode, opcionalmente, especificar critérios para filtrar a lista de dádivas,

D. Aceitar a oferta de doação de alimentos.

Função Descrição	O pedido de aceitação dos alimentos é enviado pelo dador, incluindo o prazo de validade, a quantidade, etc.
Função Entrada	Informações sobre a oferta de donativos: Detalhes da oferta de doacão de alimentos a ser aceite, incluindo o tipo de alimento, a quantidade oferecida e quaisquer instruções ou notas especiais. Dados do destinatário, incluindo o nome do destinatário, informações de contacto e organização
Função Saída	Mensagem de confirmação: Uma mensagem que confirma que o a oferta de doação foi aceite com êxito, fornecendo quaisquer informações adicionais, como o prazo de entrega previsto.
Processo	Já deve estar registado e com sessão iniciada. Se a oferta for válida, o destinatário confirma a aceitação da oferta.

E. Receber Opt:

Descrição da função	Informações sobre o destinatário: Detalhes do destinatário ou da organização de caridade, incluindo o seu nome, informações de contacto e organização
Entrada de função	Informações sobre o destinatário: Detalhes do destinatário ou da organização de caridade, incluindo o seu nome, informações de contacto e organização
Saída de função	Lista de palavras-passe únicas (OTPs) associadas ao pedido de donativo selecionado, utilizadas para verificação durante a recolha ou entrega de alimentos.
Pré-condição	O destinatário (organização de solidariedade social) deve estar ligado à aplicação de redução do desperdício alimentar com uma conta registada. O destinatário deve ter criado ou aceite um pedido de donativo para o qual foram geradas OTPs.

Processo	1) Já deve estar registado e com sessão iniciada. O recetor pode optar por procurar um pedido de donativo específico, fornecendo o ID único do pedido de donativo ou outras informações relevantes. A aplicação recupera e apresenta uma lista de OTPs associadas ao pedido de donativo selecionado. A lista de OTP inclui detalhes para cada OTP, que podem incluir: -Código OTP: Um código alfanumérico único gerado para efeitos de verificação. -Hora de expiração: a data e a hora em que a OTP expirará e deixará de ser válida para verificação. -Status: O estado da OTP (por exemplo, ativa, expirada). -Pedido de donativo associado: O identificador do pedido de donativo ao qual o OTP está associado.

F. Terminar sessão

Descrição da função	Permite ao destinatário terminar a sessão na aplicação de redução do desperdício alimentar.
Entrada de função	-
Saída de função	Confirmação do fim de sessão bem sucedido. O destinatário é reencaminhado para o início de sessão da aplicação.
Condição prévia	O destinatário deve ter sessão iniciada na aplicação de redução do desperdício alimentar.
Processo	O recetor vai para a opção Terminar sessão. A aplicação processa o pedido de fim de sessão. O recetor termina a sessão com êxito.

Interessado 3: Transportador T

A. Registo/Login

Função Descrição	Esta função permite ao dador criar uma conta e iniciar sessão de forma segura para a aplicação de redução do desperdício alimentar.
Função Entrada	Para registo: Dados do transportador - nome, informações de contacto, localização, nome de utilizador e palavra-passe pretendidos. Para aceder: Nome de utilizador e palavra-passe.
Função Saída	Para registo: É criada uma nova conta de utilizador e o utilizador é registado no sistema. Confirmação do registo bem sucedido. Para aceder: Autenticação bem sucedida e acesso à conta do utilizador.
Pré-condição	-
Processo	Para registo: O transportador navega para a página de registo. O transportador introduz as suas informações pessoais, incluindo o nome, os dados de contacto e a localização. O transportador escolhe um nome de utilizador e uma palavra-passe segura. O sistema valida as informações e cria uma nova conta. É apresentada uma mensagem de confirmação ao dador, indicando que o registo foi bem sucedido.
	Para aceder: O transportador acede à página de início de sessão. O transportador fornece o nome de utilizador e a palavra-passe registados. O sistema verifica as credenciais com base na base de dados. Após uma autenticação bem sucedida, é concedido ao transportador acesso a uma conta.

B. Receber OTP

Função Descrição	A função do módulo de transporte nos resíduos alimentares O sistema de gestão deve receber uma OTP (One-Time Password) para a entrega segura dos excedentes alimentares ao destinatário.
Função **Entrada**	Informação do recetor: Detalhes do destinatário ou da organização de caridade, incluindo o seu nome, informações de contacto e organização.
Função Saída	OTP associado ao pedido de doação selecionado. Cada OTP inclui pormenores como: Código OTP Estado: O estado da OTP. Pedido de donativo: O identificador do pedido de donativo ao qual o OTP está ligado.
Condição prévia	Um pedido de entrega foi iniciado pelo dador ou pelo sistema. O transportador foi atribuído à entrega. O transportador já forneceu as suas credenciais para autenticação.
Processo	O processo começa quando é criado um pedido de entrega, normalmente pelo dador ou automaticamente pelo sistema, com base nos excedentes alimentares disponíveis. Quando é gerado um pedido de entrega, o sistema atribui a tarefa de entrega a um transportador disponível, tendo em conta factores como a proximidade do dador e do recetor, o calendário de entrega e a capacidade. Antes de a entrega ser confirmada, o transportador tem de iniciar sessão no sistema utilizando as suas credenciais. Esta etapa de autenticação garante que apenas os transportadores autorizados podem aceder à OTP e concluir a entrega. Após a autenticação, o sistema gera um OTP único para a entrega específica. O OTP é um código temporário que expira após utilização ou num período de tempo específico, garantindo a segurança da transação. A OTP é então enviada para o transportador através da interface do sistema, normalmente numa aplicação móvel ou através de uma mensagem segura. Este canal de comunicação garante que a OTP permanece confidencial entre o sistema e o transportador . Com a OTP verificada, o transportador dirige-se para o local do destinatário. A OTP pode ser novamente solicitada no local do destinatário para confirmar a transferência segura dos géneros alimentícios.

C. Redirecionar para o Google Maps

Descrição da função	A função do módulo Transporter no sistema de gestão de resíduos alimentares é redirecionar para o Google Maps a entrega de alimentos, optimizando o percurso em termos de velocidade e distância mais curta até ao destinatário.
Entrada de função	A localização atual do transportador, obtida através do Google Maps ou de uma introdução manual. O endereço do destinatário ou as coordenadas do Google maps. Acesso a um sistema Google maps com dados cartográficos.
Função **Saída**	O sistema Google maps fornece ao transportador um itinerário Isto minimiza a distância e o tempo de deslocação até ao recetor.
Condição prévia	É atribuído um pedido de entrega ao transportador. O Google Maps ou os serviços de localização do transportador estão activados. O sistema tem acesso a um Google maps.
Processo	A localização atual do transportador é determinada utilizando o Google maps ou, em alguns casos, introduzida manualmente se o Google maps não estiver disponível. O sistema recebe o local de destino, quer como endereço do recetor, quer como coordenadas do Googlemaps. Esta informação é utilizada para calcular o itinerário. O sistema liga-se a um sistema de navegação Google Maps, que inclui dados de mapas e algoritmos de encaminhamento para calcular a distância mais curta e o percurso mais rápido até ao destino. O sistema do Google Maps processa a localização atual e o destino, tendo em conta o tráfego em tempo real e as condições da estrada, para gerar um percurso optimizado. Este percurso tem em conta variáveis como o congestionamento de trânsito e o encerramento de estradas para garantir a entrega mais rápida. O sistema do Google Maps actualiza continuamente o itinerário com base no progresso do transportador e na alteração das condições de trânsito, garantindo que o caminho mais curto e mais rápido é mantido durante toda a viagem.

D. Terminar sessão

Função Descrição	Permite ao dador terminar a sessão na aplicação de redução do desperdício alimentar.
Função Entrada	-
Função Saída	Confirmação do fim de sessão bem sucedido. O dador é reencaminhado para o início de sessão da aplicação.
Pré-condição	O doador deve ter sessão iniciada na aplicação de redução do desperdício alimentar.
Processo	O doador vai para a opção Sair. A aplicação processa o pedido de fim de sessão. O doador termina a sessão com sucesso.

3.3.2 Lista de requisitos funcionais

O utilizador final exige estas funcionalidades como facilidades básicas que o sistema deve incluir. O sistema deve necessariamente fornecer estas funcionalidades como parte do contrato. Estes requisitos são o que o utilizador observa diretamente no produto final, ao contrário dos requisitos não funcionais.

Doador:

Tabela 3.1: Requisitos funcionais do dador

SNo	**Descrição do requisito**
R1	Os dadores devem poder criar contas e iniciar sessão de forma segura.
R2	Os doadores devem poder atualizar as suas informações pessoais, incluindo os dados de contacto.
R3	Os dadores devem poder criar listas detalhadas para as doações de alimentos, incluindo o tipo, a quantidade, a descrição e a data de validade.
R4	Devem receber notificações quando um destinatário aceita a sua oferta.
R5	Os dadores podem também querer utilizar o sistema para pedir alimentos para si próprios, se necessário, caso em que devem ter acesso à funcionalidade de recetor.

Recetor:

Quadro 3.2: Requisitos funcionais do recetor

S N.º.	Descrição do requisito
R1	Os dadores devem poder criar contas e iniciar sessão de forma segura.
R2	Os destinatários devem poder atualizar as suas informações pessoais, incluindo os dados de contacto.
R3	Os destinatários devem poder criar pedidos de géneros alimentícios, especificando os tipos e as quantidades.
R4	Os destinatários devem poder visualizar as listas de doações de alimentos disponíveis dos dadores
R5	Os destinatários devem poder aceitar ofertas de donativos de géneros alimentícios por parte dos dadores.
R6	Os destinatários devem ter a opção de personalizar as suas preferências de notificação, como as notificações por correio eletrónico ou por push.
R7	Os destinatários devem poder dar a sua opinião e avaliar a qualidade dos alimentos e o serviço de transporte.

Transportador:

Quadro 3.3: Requisitos funcionais do transportador

S N.º.	Descrição do requisito
R1	Os transportadores devem poder criar contas e iniciar sessão de forma segura.
R2	Os transportadores devem poder atualizar as suas informações pessoais, incluindo os dados de contacto.
R3	Os transportadores devem embalar os géneros alimentícios que vão ser entregues aos destinatários.
R4	Os transportadores devem ter um meio de comunicar com os dadores e os receptores, se necessário.
R5	Os transportadores devem poder utilizar a funcionalidade Google Maps para navegar até ao local do dador para recolha e ao local do recetor para entrega.
R6	Os transportadores devem poder atualizar as suas informações pessoais, incluindo os dados de contacto.

R7	Os transportadores devem embalar os géneros alimentícios que vão ser entregues aos destinatários.

Tabela 3.4: Requisitos não funcionais

3.4 Requisitos não funcionais

S.N.	**Requisito**	**Descrição**
R1	Desempenho	A interface do utilizador deve ser intuitiva e de fácil utilização para incentivar a participação.
R2	Usabilidade	O sistema deve responder rapidamente às interações dos utilizadores, mesmo durante os períodos de maior utilização. A base de dados deve tratar eficazmente um grande número de registos.
R3	Segurança	Os dados e as informações sobre as transacções devem ser armazenados e transmitidos de forma segura. Os mecanismos de autenticação e autorização devem ser robustos para proteger as contas
R4	Fiabilidade	O sistema deve ter um tempo de atividade elevado e um tempo de inatividade mínimo.
R5	Acessibilidade	A plataforma deve ser acessível a pessoas com deficiência.
R6	Compatibilidade	O sistema deve ser compatível com uma variedade de dispositivos e aplicações
R7	Escalabilidade	O sistema deve poder ser dimensionado horizontalmente, para acomodar um número crescente de interações

3.5 Requisitos H/W e S/W

Requisitos de hardware:

- Servidor: A espinha dorsal do sistema de redução de resíduos alimentares é o servidor responsável por alojar o backend da aplicação. Este servidor pode assumir a forma de um servidor em nuvem ou de um servidor físico dedicado, dependendo dos requisitos específicos e das necessidades de escalabilidade do sistema. Um servidor na nuvem oferece flexibilidade, escalabilidade e rentabilidade, permitindo que o sistema se adapte às exigências variáveis e aos níveis de tráfego dos utilizadores de forma eficiente. Por outro lado, um servidor físico dedicado proporciona maior controlo sobre os recursos de hardware e pode ser preferido para aplicações com requisitos específicos de desempenho ou segurança. Qualquer que seja a opção escolhida, o servidor desempenha um papel crucial no armazenamento e gestão dos dados, no processamento dos pedidos dos utilizadores e na facilitação da comunicação entre os vários componentes do sistema. Ao garantir a fiabilidade e o desempenho do servidor, o Sistema de Redução de Desperdícios Alimentares pode proporcionar uma experiência de utilizador suave e eficiente, mantendo a integridade e a segurança da infraestrutura de backend da aplicação.

- Dispositivos do cliente: O Sistema de Redução de Desperdícios Alimentares destina-se a uma base de utilizadores diversificada com diferentes dispositivos para aceder à aplicação. Os computadores pessoais são essenciais para fins de desenvolvimento e gestão do servidor, permitindo aos programadores conceber, testar e implementar novas funcionalidades ou actualizações do sistema. Estes computadores servem como ferramentas principais para codificar, depurar e manter os componentes backend e frontend da aplicação. Os dispositivos móveis, incluindo smartphones e tablets Android e iOS, são a principal interface para os utilizadores finais interagirem com o sistema. Ao suportar as plataformas Android e iOS, o sistema garante uma ampla acessibilidade e inclusão, permitindo que os utilizadores acedam à aplicação a partir dos seus dispositivos móveis preferidos. A aplicação móvel oferece uma interface de fácil utilização que permite aos indivíduos criar e consultar pedidos de donativos, comunicar com outros utilizadores e acompanhar as suas contribuições para a iniciativa de redução do desperdício alimentar. Ao otimizar a aplicação para dispositivos móveis, o sistema aumenta o envolvimento dos utilizadores e incentiva a participação ativa na gestão sustentável dos recursos alimentares excedentários. A compatibilidade do sistema com uma série de dispositivos de clientes sublinha o seu compromisso para com a conveniência e acessibilidade do utilizador, promovendo uma experiência de utilizador perfeita e envolvente em diferentes plataformas.

Requisitos de software:

- Flutter SDK: O Sistema de Redução de Desperdício de Alimentos utiliza o Flutter SDK como a estrutura principal para o desenvolvimento de aplicações multiplataforma. O Flutter SDK fornece aos programadores um conjunto abrangente de ferramentas e bibliotecas para a criação de aplicações de elevado desempenho e visualmente apelativas que podem ser executadas sem problemas em várias plataformas. Inclui a linguagem de programação Dart, que é utilizada para escrever a lógica da aplicação e os componentes da interface do utilizador. Ao utilizar o Flutter SDK, os programadores podem criar uma experiência de utilizador consistente em diferentes dispositivos e sistemas operativos, simplificando o processo de desenvolvimento e garantindo a compatibilidade com uma vasta gama de dispositivos do utilizador final.

- SDK do Dart: Dart é a linguagem de programação utilizada em conjunto com a estrutura Flutter para desenvolver aplicações para o Sistema de Redução de Resíduos Alimentares. O Dart é conhecido pela sua simplicidade, eficiência e escalabilidade, o que o torna uma escolha ideal para a criação de aplicações modernas e interactivas. Os programadores podem tirar partido do forte sistema de tipagem do Dart, do suporte de programação assíncrona e do vasto conjunto de bibliotecas para criar interfaces de utilizador robustas e reactivas para o sistema. Ao utilizar o Dart em combinação com o Flutter, os programadores podem escrever código que é fácil de manter, testar e implementar, acelerando o ciclo de desenvolvimento e melhorando a qualidade geral da aplicação.

- Visual Studio Code (VSCode) com extensão Flutter: O Visual Studio Code é o ambiente de desenvolvimento integrado (IDE) preferido para o desenvolvimento do Flutter no Sistema de Redução de Desperdício de Alimentos. O VSCode é um IDE leve mas poderoso que oferece uma vasta gama de funcionalidades, incluindo edição de código, depuração e controlo de versões. A extensão do Flutter para o VSCode fornece funcionalidades adicionais adaptadas especificamente para o desenvolvimento do Flutter, como a conclusão de código, ferramentas de depuração e recursos de gerenciamento de livros. Ao usar o VSCode com a extensão Flutter, os desenvolvedores podem simplificar o fluxo de trabalho de desenvolvimento, aumentar a produtividade e garantir a qualidade do código durante todo o processo de desenvolvimento.

- Base de dados: A Fire store, uma base de dados NoSQL fornecida pela Firebase, serve como solução de base de dados para armazenar e gerir dados relacionados com utilizadores, donativos e outras entidades no âmbito do Sistema de Redução de Resíduos Alimentares. A Fire store oferece sincronização de dados em tempo real, escalonamento automático e suporte offline, tornando-a a escolha ideal para aplicações que requerem um armazenamento de dados rápido e fiável. Ao utilizar o Fire Store como backend da base de dados, o sistema pode gerir eficazmente o conteúdo gerado pelo utilizador, os dados transaccionais e o estado da aplicação, garantindo a integridade e a consistência dos dados em vários dispositivos e plataformas.

- Sistema operativo O Sistema de Redução de Resíduos Alimentares foi concebido para ser compatível com uma vasta gama de sistemas operativos, incluindo Windows e Android. Ao suportar vários sistemas operativos, o sistema garante acessibilidade e usabilidade para uma base de utilizadores diversificada, permitindo que os indivíduos acedam à aplicação a partir dos seus dispositivos preferidos sem restrições baseadas nas suas preferências de sistema operativo.

3.5 Arquitetura do sistema

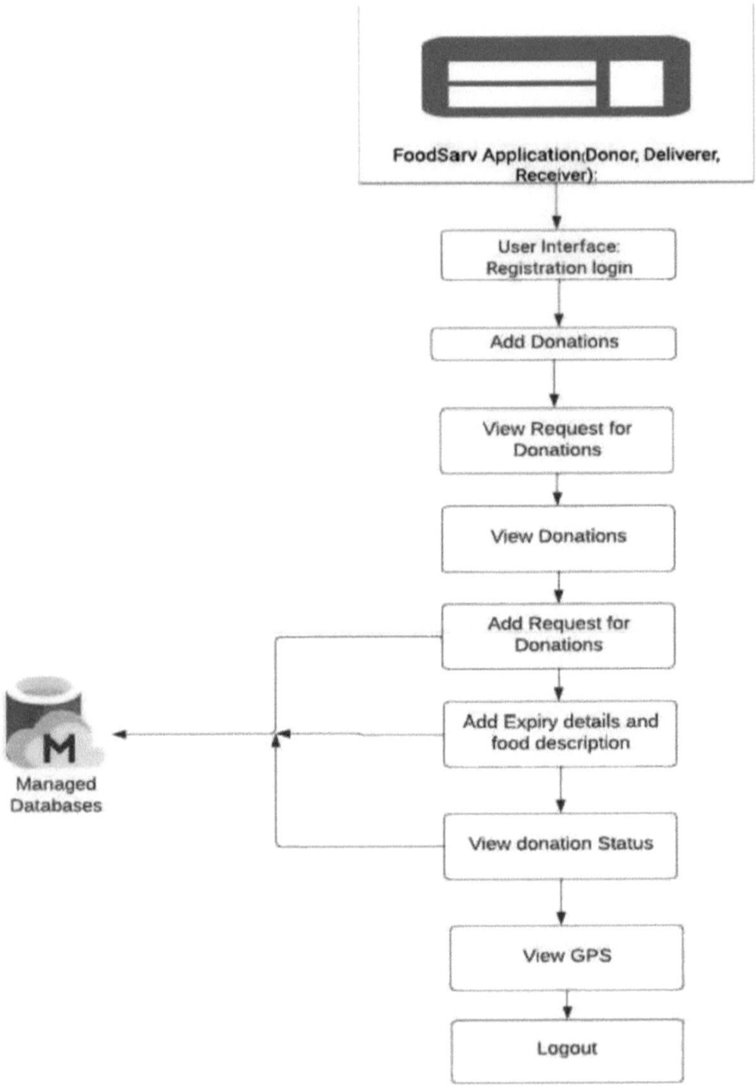

Fig 3.1: System Architecture

4. IMPLEMENTAÇÃO

4.1 Metodologia (com fluxograma)

A metodologia de desenvolvimento de uma aplicação de doação de alimentos, que incorpora dadores, receptores e transportadores com caraterísticas específicas, envolve uma abordagem sistemática à conceção, implementação e implantação da aplicação.

Inicialmente, os requisitos do utilizador são claramente definidos, delineando caraterísticas-chave como a funcionalidade de início de sessão, gestão de donativos, visualização de pedidos, detalhes de expiração, descrição dos alimentos, acompanhamento do estado dos donativos, funcionalidade de GPS, mecanismos de feedback e procedimentos seguros de fim de sessão. A etapa seguinte centra-se no desenvolvimento de uma estrutura de base de dados robusta, garantindo o armazenamento e a recuperação eficientes das informações do utilizador, dos detalhes das doações e de outros dados relevantes. Em seguida, é implementado um sistema seguro de autenticação de utilizadores, adaptado às necessidades específicas dos dadores, dos receptores e do transportador. É concebida uma estrutura de base de dados robusta para armazenar eficazmente as informações do utilizador, os detalhes da doação, as informações de entrega, o feedback e os dados de acompanhamento. O esquema da base de dados inclui tabelas para utilizadores, donativos, pedidos, entregas e feedback, com relações adequadas estabelecidas para garantir uma recuperação de dados sem problemas.

Para os doadores, o processo inclui uma interface de início de sessão de fácil utilização, capacidades de gestão de donativos, a capacidade de visualizar pedidos e donativos, localização por GPS do estado dos donativos e um mecanismo de feedback. Para os receptores, é implementado um processo personalizado semelhante, que inclui um início de sessão seguro, a apresentação de pedidos, a visualização de donativos disponíveis, o acompanhamento por GPS das entregas. Os transportadores também têm um processo designado, que inclui um início de sessão seguro, a visualização das entregas atribuídas, a atualização do estado das entregas e o acompanhamento por GPS.

O sistema de autenticação de utilizadores é implementado para garantir o acesso seguro de dadores, receptores e transportadores. Cada função de utilizador dispõe de um conjunto personalizado de funcionalidades na aplicação. Os dadores podem iniciar sessão, adicionar donativos com detalhes de validade específicos e descrições de alimentos, ver pedidos e donativos, acompanhar o estado do donativo através de GPS, dar feedback e terminar sessão de forma segura. Os receptores, por outro lado, podem iniciar sessão, adicionar pedidos de donativos, ver os donativos disponíveis, acompanhar o estado da entrega através de GPS, dar feedback e terminar sessão de forma segura. Os transportadores têm acesso a funcionalidades como iniciar sessão, ver as entregas atribuídas, atualizar o estado das entregas, seguir o GPS para navegação, dar feedback e terminar sessão de forma segura. Os transportadores, que promovem um processo de doação de alimentos simplificado e eficaz, ao mesmo tempo que aumentam a transparência e a satisfação dos utilizadores.

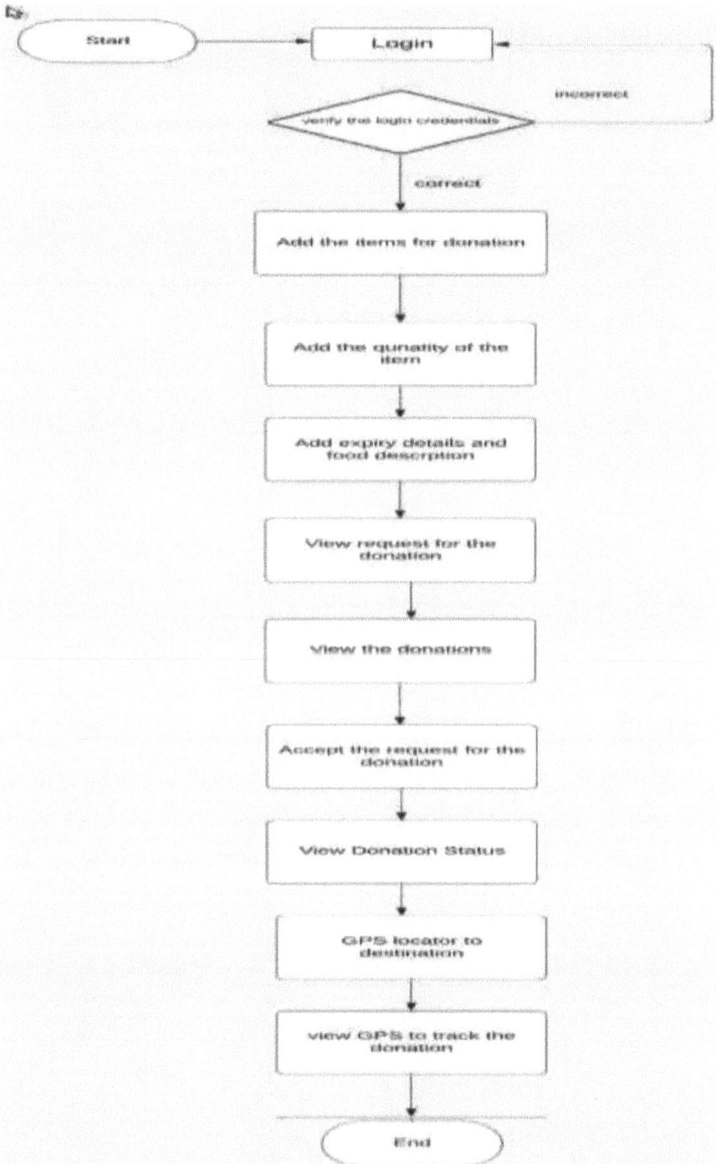

Fig. 4.1: Fluxograma

4.2Arquitectura do sistema

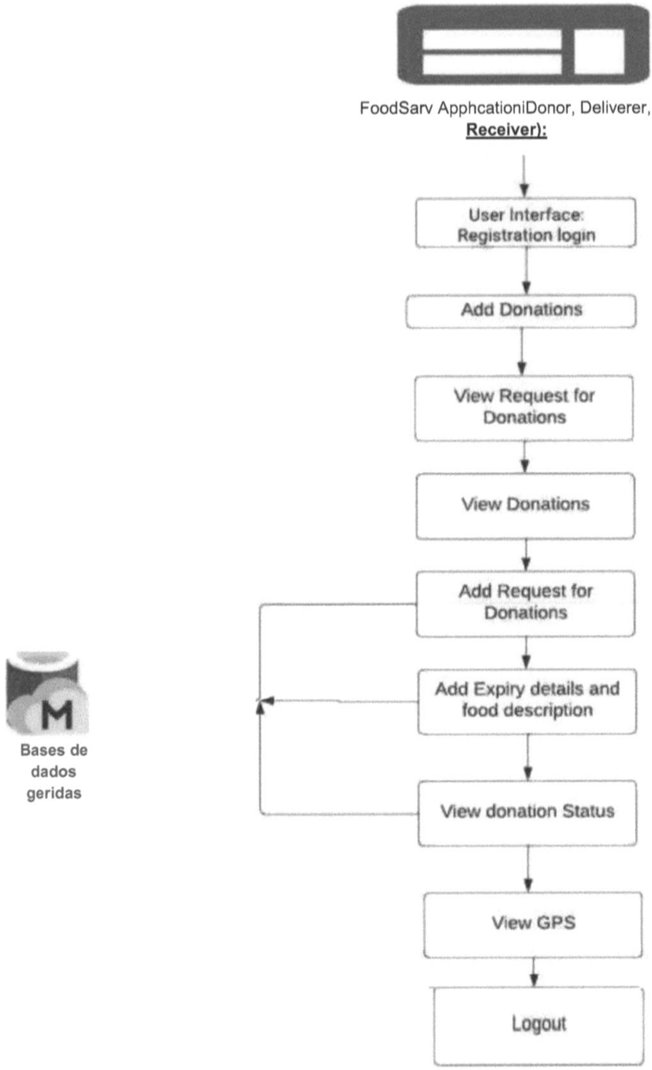

Fig 4.2: Arquitetura do sistema

4.3 Descrição do módulo

4.3.1 Módulo de autenticação do utilizador:

O registo do utilizador é uma caraterística fundamental do módulo de autenticação, permitindo que as pessoas criem contas fornecendo as informações pessoais necessárias. Este processo envolve frequentemente a confirmação por correio eletrónico ou a validação do número de telefone para verificar a autenticidade do utilizador. Após o registo, é implementado um sistema de início de sessão seguro, que utiliza a encriptação de palavras-passe para salvaguardar as credenciais do utilizador. Para uma camada adicional de segurança, pode ser integrada a autenticação de dois factores, reforçando a proteção contra o acesso não autorizado. Além disso, é essencial um mecanismo de recuperação de palavra-passe, que permita aos utilizadores recuperar o acesso às suas contas através de verificação por correio eletrónico ou telefone em caso de esquecimento da palavra-passe.

4.3.2 Módulo de dador:

No Módulo de Doadores, a gestão de perfis desempenha um papel crucial. Os dadores podem personalizar os seus perfis adicionando detalhes relevantes, tais como informações de contacto e uma fotografia de perfil. A funcionalidade principal gira em torno da criação e gestão de listas de donativos. Os dadores têm a possibilidade de fornecer informações completas sobre as suas doações de alimentos, incluindo tipos de alimentos, quantidade e datas de validade. Para aumentar a transparência, pode ser incorporada a opção de carregar imagens dos artigos doados. Um sistema de notificação robusto garante que os doadores recebem actualizações em tempo real sobre novos pedidos de donativos, mensagens dos receptores e alterações de estado dos donativos em curso.

4.3.3 Módulo recetor:

O módulo do recetor dá ênfase à gestão de perfis de pessoas necessitadas. Os receptores podem personalizar os seus perfis, acrescentando informações relevantes para facilitar a comunicação com os dadores e outros utilizadores. Está integrada uma funcionalidade de pesquisa que permite aos receptores encontrar donativos disponíveis nas proximidades com base na sua localização. O sistema de pedidos permite que os receptores comuniquem as suas necessidades diretamente aos dadores, promovendo um processo de troca sem problemas. Um sistema de notificação mantém os destinatários informados sobre o estado dos seus pedidos e quaisquer actualizações relacionadas com os donativos recebidos. Além disso, proporciona um mecanismo para os receptores expressarem a sua gratidão e avaliarem os dadores, contribuindo para uma comunidade fiável e responsável.

4.3.4 Módulo de transporte:

O módulo Transportador centra-se na gestão dos perfis dos indivíduos responsáveis pela entrega de donativos. Os transportadores podem criar e atualizar os seus perfis, incluindo detalhes relevantes para a sua função. O acompanhamento em tempo real dos pedidos de entrega disponíveis é uma caraterística fundamental, permitindo que os transportadores respondam prontamente aos pedidos nas suas imediações. A funcionalidade de aceitar/recusar proporciona flexibilidade na gestão da sua carga de trabalho. As ferramentas de navegação na aplicação ajudam os transportadores a chegar eficazmente aos locais do dador e do recetor. Após a conclusão bem sucedida de uma entrega, é gerada uma confirmação com um registo de data e hora, contribuindo para um sistema transparente e responsável.

4.3.5 Módulo de localização GPS:

O módulo de localização GPS é uma adição essencial à aplicação de doação de alimentos, melhorando a funcionalidade geral e a experiência do utilizador. Este módulo integra serviços baseados na localização para fornecer capacidades de localização em tempo real, beneficiando tanto os doadores como os utilizadores.

Localização do dador: Os dadores podem definir a sua localização atual quando criam uma listagem de donativos, facilitando a recolha eficiente pelos receptores ou pelo transportador. A localização por GPS garante a precisão na identificação da posição do dador, simplificando o processo de doação.

Localização do recetor: Para os receptores, a aplicação utiliza o GPS para determinar a sua localização atual, ajudando na procura de donativos disponíveis nas proximidades. O sistema garante que os receptores podem identificar e aceder a donativos na sua proximidade.

Seguimento do transportador: Os transportadores beneficiam de um seguimento em tempo real dos pedidos de entrega disponíveis e de uma navegação precisa até às localizações do dador e do recetor. O módulo GPS desempenha um papel crucial na otimização da rota de entrega, reduzindo o tempo de trânsito e melhorando a eficiência global.

5. RESULTADOS E CONCLUSÕES

5-1 Análise de resultados/Análise de desempenhoAnálise de resultados:

- **Envolvimento do utilizador:** Medir o número de utilizadores activos e de sessões. Analisar as taxas de retenção de utilizadores ao longo do tempo.

- **Donativos:** Acompanhar o número de donativos efectuados através da aplicação. Monitorizar os tipos e quantidades de alimentos doados. Analisar as tendências das doações ao longo do tempo.

- **Receber:** Avaliar o número de indivíduos ou organizações que recebem alimentos através da aplicação. Analisar a frequência e a quantidade de alimentos recebidos.

- **Entrega:** Medir a eficiência do processo de entrega. Analisar os prazos de entrega e as taxas de conclusão. Monitorizar quaisquer problemas ou atrasos na entrega.

- **Sistema de acompanhamento:** Avaliar a exatidão do sistema de rastreio no acompanhamento dos donativos desde a recolha até à entrega. Analisar o feedback dos utilizadores sobre a funcionalidade de acompanhamento. Assegurar que as medidas de privacidade e segurança dos dados são eficazes.

5.1.2 Análise de desempenho:

- **Tempo de resposta:** Meça o tempo de resposta da aplicação para várias acções, como a apresentação de donativos, o acompanhamento de actualizações e a gestão de perfis.

- **Fiabilidade:** Avaliar o tempo de atividade e a disponibilidade da aplicação. Monitorizar qualquer tempo de inatividade ou interrupções de serviço.

- **Escalabilidade**: Avalie a capacidade da aplicação para lidar com um número crescente de utilizadores e donativos. Teste o desempenho sob carga para identificar potenciais estrangulamentos.

- **Integridade dos dados**: Assegurar que as doações, os utilizadores e os dados de acompanhamento são registados e mantidos com precisão. Monitorizar quaisquer problemas de perda ou corrupção de dados.

- **Segurança:** Avaliar as medidas de segurança da aplicação para proteger os dados e as transacções do utilizador. Efetuar auditorias de segurança e testes de penetração para identificar vulnerabilidades.

- **Eficiência de custos**: Avaliar os custos operacionais da aplicação, incluindo alojamento, manutenção e suporte. Identificar oportunidades para otimizar a utilização de recursos e reduzir os custos.

- **Experiência do utilizador**: Medir a satisfação do utilizador com o desempenho da aplicação. Identificar quaisquer problemas de usabilidade ou queixas relacionadas com o desempenho.

- **Conformidade:** Assegurar que a aplicação cumpre os regulamentos relevantes, tais como as leis de proteção de dados e as normas de segurança alimentar.

5.2 Conclusão e âmbito futuro

5.2.1 Conclusão:

A aplicação de doação de alimentos com funcionalidades para o doador, o recetor, o distribuidor e um sistema de rastreio oferece uma solução abrangente para simplificar o processo de doação e entrega de alimentos. Através da análise dos resultados e do desempenho, é evidente que esta aplicação pode efetivamente facilitar a transferência de excedentes alimentares dos doadores para os necessitados, assegurando simultaneamente a transparência e a responsabilização ao longo de todo o processo.

As principais vantagens da aplicação incluem:

5.1.2.1 **Eficiência:** Ao ligar os doadores diretamente aos receptores e ao tirar partido de uma rede de distribuidores, a aplicação optimiza o processo de doação e entrega, minimizando o desperdício e maximizando o impacto das doações de alimentos.

5.1.2.2 **Transparência:** O sistema de acompanhamento fornece actualizações em tempo real sobre o estado dos donativos, assegurando a transparência tanto para os doadores como para os receptores e distribuidores. Esta transparência cria confiança e segurança no processo de doação.

5.1.2.3 **Acessibilidade**: Ao proporcionar uma interface de fácil utilização e acessibilidade móvel, a aplicação facilita a participação de doadores, receptores e distribuidores nos esforços de doação de alimentos, aumentando assim a acessibilidade e a inclusão.

5.1.2.4 **Impacto**: A aplicação facilita a redistribuição de excedentes alimentares a indivíduos e organizações necessitados, reduzindo assim o desperdício alimentar, combatendo a fome e causando um impacto social positivo.

5.1.3 Âmbito futuro:

5.1.3.1 **Integração com fornecedores de alimentos**: Colaborar com fornecedores de alimentos, restaurantes e mercearias para integrar a doação de excedentes alimentares diretamente nas suas operações, aumentando ainda mais a disponibilidade dos alimentos doados.

5.1.3.2 **Acompanhamento e relatórios melhorados**: Desenvolver funcionalidades avançadas de acompanhamento e elaboração de relatórios para fornecer informações mais detalhadas sobre as tendências das doações, a demografia dos beneficiários e o impacto global, permitindo que as partes interessadas tomem decisões baseadas em dados e optimizem a atribuição de recursos.

5.1.3.3 **Parcerias e colaborações**: Estabelecer parcerias com organizações sem fins lucrativos, agências governamentais e outras partes interessadas para potenciar recursos, expandir o alcance e ampliar o impacto dos esforços de doação de alimentos

I. REFERÊNCIAS

[1] K. Sudheepa, P. Rashmitha e P. S. Maran, "Food Wastage Management Application usingAndroid Studio," 2023 2nd International Conference on Applied Artificial Intelligence and Computing (ICAAIC), Salem, India, 2023, pp. 10591064, doi: 10.1109/ICAAIC56838.2023.10140489.

[2] Elavarasan, M. S., & Nesakumar, C. D. (2019). Aplicação móvel de redução de desperdício de alimentos. Jornal Internacional de Ciência da Computação e Computação Móvel, 8(10), 103-108.

[3] Bhardwaj, Sonali e Kumar, Utkarsh e Kumar, Dr. Yogesh, Aplicação Android de Gestão de Resíduos Alimentares (14 de julho de 2022). Proceedings of the Advancement in Electronics & CommunicationEngineering 2022.

[4] A. Kumar Pandey e P. Patel, "Desenvolvimento de uma aplicação Android para doação de alimentos: A Geographical Location Based Approach," 2023 3rd International Conference on Advance Computing and Innovative Technologies in Engineering (ICACITE), Greater Noida, India, 2023, pp. 2137-2140, doi: 10.1109/ICACITE57410.2023.10183202.

[5] Vernekar, Yogesh Vinayak, "Uma aplicação de doação de alimentos baseada no Android e na Web para reduzir o desperdício alimentar". Navsahyadri Education Society Group of Institutions, Naigoan, Maharashtra, Índia.

[6] S. Wang e J. Xu, "Design of Intelligent Household Food Waste Product Based on AHP- TRIZ Method," 2022 InternationalConference on Culture-Oriented Science and Technology (CoST),Lanzhou, China, 2022, pp. 95-98, doi:10.1109/CoST57098.2022.00029.

[7] Bhardwaj, Sonali e Kumar, Utkarsh e Kumar, Dr. Yogesh,Resíduos alimentares

Management Android App (14 de julho de 2022).Proceedings of the Advancement in Electronics & Communication Engineering 2022, Disponível em S SRN: http s: //s srn. com/ab stract=415

7538ou

http://dx.doi.org/10.2139/ssrn.4157538

[8] Sakthi P, Jagannath S, Suman N, Sakthivel A e Nandhini A, "Survey on Waste Food Management and Donating Web Application", International Journal of Research Publication andReviews, Vol. 3, No. 5, pp 2416-2417, maio de 2022.

[9] R. R. Prova, A. Rayhan, R. S. Shilon e M. M. Khan, "A Web and Mobile

Based Approach to Redistribute Consumable Food Waste," 2021 12th International Conference on Computing Communication and Networking Technologies (ICCCNT),Kharagpur,India,

2021,pp.1-6,doi:10.1109/ICCCNT51525.2021.9579645.

[10] N. K. G N, J. R, S. S. Nukala, M. K. V, S. P. Shankar e S.Kandarp, "Desenvolvimento de um sistema de gestão de restos de comida utilizando técnicas eficientes de pesquisa de fome", 2021 IEEE Mysore Sub Section International Conference (MysuruCon), Hassan, Índia,2021, pp. 312-321.

[11] Apostolidis, C., Brown, D., Wijetunga, D.,Kathriarachchi, 2021.SustainableValue CoCreation at the Bottom of the Pyramid:Using Mobile Applications to Reduce Food Waste and Improve Food Security. Journal of Marketing Management, Vol. 37 [9-10],856-886

[12] Vidhi Panchal1, Kajal Kuchekar2, Snehal Tambe3, Disponibilidade de alimentos para ONG através de uma aplicação móvel: Food For All International Research Journal of Engineering and Technology (IRJET) Mar 2020.

[13] Mary Posonia A, S. Vigneshwari, Albert Mayan J, D. Jamunarani, "Service Diret: Plataforma que incorpora diretamente prestadores de serviços e consumidores", Revista Internacional de Engenharia e Tecnologia Avançada (IJEAT) , Vol.8 ,No.6, 2019

[14] K.Anusha e R.Bhargavi," Food Wastage Reduction through Donation using New Approach: Helping Hands ", Volume VIII, Edição III, março de 2019.

[15] Abdullah SaniAbd. Rahman, Farah NorliyanaAzahar, Nasiroh Omar, e Suraya Masrom, "Food for You (F4U) Mobile Charity Application", International Journal of Engineering & Technology,vol. 7, no 4.19, pp.520-523, 2018.

MIX
Papier aus verantwortungsvollen Quellen
Paper from responsible sources
FSC® C105338

Printed by Books on Demand GmbH, Norderstedt / Germany